AF143166

BEI GRIN MACHT SICH IHR
WISSEN BEZAHLT

- Wir veröffentlichen Ihre Hausarbeit,
  Bachelor- und Masterarbeit

- Ihr eigenes eBook und Buch -
  weltweit in allen wichtigen Shops

- Verdienen Sie an jedem Verkauf

Jetzt bei www.GRIN.com hochladen
und kostenlos publizieren

Strategisches Management und strategische Unternehmensführung für ein Premium Fitness-Studio

Christian Bürkel

Bibliografische Information der Deutschen Nationalbibliothek:

Die Deutsche Nationalbibliothek verzeichnet diese Publikation in der Deutschen Nationalbibliografie; detaillierte bibliografische Daten sind im Internet über http://dnb.d-nb.de abrufbar.

ISBN: 9783346474124
Dieses Buch ist auch als E-Book erhältlich.

© GRIN Publishing GmbH
Nymphenburger Straße 86
80636 München

Druck und Bindung: Books on Demand GmbH, Norderstedt Germany
Gedruckt auf säurefreiem Papier aus verantwortungsvollen Quellen

Das vorliegende Werk wurde sorgfältig erarbeitet. Dennoch übernehmen Autoren und Verlag für die Richtigkeit von Angaben, Hinweisen, Links und Ratschlägen sowie eventuelle Druckfehler keine Haftung.

Das Buch bei GRIN: https://www.grin.com/document/1059892

Deutsche Hochschule für
Prävention und Gesundheitsmanagement
Hermann Neuberger Sportschule 3
66123 Saarbrücken

__x__ **Hausarbeit**

__ **Skript**

Name, Vorname:	Bürkel, Christian
Modul:	Strategisches Management I
Studiengang:	Master of Arts Business Administration – BGM
Datum Präsenzphase:	15. – 18. März 2021
Studienort:	Köln
Aufgabe:	Erstellung eines Strategieberichts für ein Premium-Fitnessstudio in Rostock

Inhaltsverzeichnis

1 Darstellung der Ausgangssituation

1.1 Wahl des Standortes

Der Standort des Premium-Fitnesstudios wurde auf die Lastadie 3-5, 18055 Rostock festgelegt. Somit befindet sich das Fitnesstudio in der nördlichen Altstadt in unmittelbarar Nähe zum Hafen und dem Kanonsberg. Umgeben ist das Studio von Hotels im Premium-Segment (zum Beispiel das Radisson Blu) und großen Unternehmen (zum Beispiel die Commerzbank). In Abbildung 1 erkennt man, dass der Standort sehr gut mit öffentlichen Verkehrsmitteln erreichbar ist (Rostock Kröpeliner Tor, Bus und Bahn) und zusätzlich gibt es eine große Zahl an Parkplätzen. Zwei große Verkehrsstraßen (L22 und Am Kanonsberg) umgeben den Standort, sodass eine einfache Erreichbarkeit gewährleistet ist. Das nahe Umfeld besteht aus einer Mischung von Infrastruktur, Grünflächen und dem Zeichen Rostocks, der Hafen und das Wasser. Somit identifiziert sich das Fitnesstudio mit der Standortwahl direkt mit dem Flair Rostocks und den Kunden wird ein praktischer Standort mit tollen Aussichten geboten.

Die Abbildung wurde aus urheberrechtlichen Gründen von der Redaktion entfernt

Abbildung 1: Standort des Premium-Fitnesstudios

1.2 Beschreibung des Unternehmenstyps

Das Premium-Fitnesstudio hat sich folgende strategischen Geschäftsfelder mit den zuge-
hörigen Geschäftseinheiten ausgewählt. Zusätzlich wurden die Produkte und Dienstleistungen der jeweiligen Geschäftsfelder festgelegt.

Tabelle 1: Strategische Geschäftsfelder und – Einheiten (eigene Darstellung)

Strategisches Geschäftsfeld (SGF)	Fitnesstraining und Trendsportarten	Vital, Fit & Gesund	Medical Fitness
Geschäftseinheiten (Produkte & Dienst-leistungen)	- Freihanteltraining - Gerätegestütztes Training (z.b. Kraft-zirkel) - Cardiobereich im Obergeschoss mit Blick auf den Hafen - Functional Training - CrossFit Bereich - Parcour Bereich - Personal Training	- Saunabereich - Massagebereich - Rooftop-Lounge mit Bistro und Bar - Ernährungsange-bote (Workshops) - Pilates und Yoga - Präventionskurse nach §20 Abs.1 SGB V - Ruhebereich inklu-sive Sonnenterrasse	- Rehabilitationssport (§44 SGB) - Active Aging (Fit-nessangebote für ak-tive „Best Ager"[Men-schen ab 60 Jahren]) - wechselnde Kursangebote (Aero-bic, Gymnastik) - Zusammenarbeit mit Physiotherapie und Ärztehäusern

Die genannten Geschäftsfelder sollen den Kunden ein attraktives und qualitativ hochwer-
tiges Angebot an Produkten und Dienstleistungen anbieten. Mit den Geschäftsfeldern sollen möglichst viele Zielgruppen aller Altersstrukturen angesprochen werden. Neben dem
klassischen Fitnesssport und Personal Training soll vor allem der Faktor Gesundheit eine
große Rolle spielen. Im Jahr 2021 haben die Stichwörter Wohlbefinden & Gesundheit
eine neue Dimension erreicht und durch den starken Einfluss der Coronapandemie an
Bedeutsamkeit und Wichtigkeit gewonnen. Gesundheitsbewusste Menschen, die in ihre
Gesundheit und ihr Wohlbefinden investieren möchten, finden in diesem Fitnesstudio al-
les, was sie erwarten und brauchen. Weiter wurde ein Schwerpunkt auf Ernährung und
Entspannung gelegt. Zur Ruhe kommen, abschalten und dem Stress entfliehen nach dem
Sport wird für viele Menschen immer wichtiger. Das Fitnessstudio bietet neben Action,
auspowern und Spaß auch die notwendige Ausstattung und Dienstleistungsangebote zum
Entspannen, Wohlfühlen und Relaxen.

2 Phase der strategischen Zielplanung

2.1 Unternehmerische Vision / Mission / Grundwerte

Die Vision reicht weit in die Zukunft und muss grundsätzliche Inhalte kommunizieren, also muss der Horizont für die Vision zeitlich und qualitativ zukunftsweisend sein (Helm & Meiler, 2003, S.202). Die Vision des Unternehmens lautet: „Wir sind ihr erster Ansprechpartner wenn es um Wohlbefinden, Fitness und Gesundheit geht. Nicht nur in Rostock sondern bald in ganz Deutschland sind wir für sie da." Eine Vision bewegt sich immer zwischen Utopie und Realität. Die Vision soll den Kunden vermitteln, dass ein hoher Qualitativer Anspruch hinter dem gesamten Unternehmen steht. Die Vision spricht den Kunden direkt an und es soll eine Identifikation der Kunden mit dem Unternehmen stattfinden. Das Unternehmen hebt sich mit dieser Vision von der Konkurrenz ab und gibt ein Versprechen, dass alle Probleme rund um die Gesundheit und das Wohlbefinden genau hier gelöst werden können.

Die Mission vom Unternehmen ist die Erfüllung von Bedürfnissen der Kunden (Drucker, 2011, S.56). Somit lautet die Mission für das Premium-Fitnessstudio: „Unsere Kunden werden durch nachhaltiges und zielorientiertes Training stark, selbstbewusst, gesund und glücklich gemacht. Unsere Kompetenz zeichnet sich durch professionelle Mitarbeiter und höchste Qualität der Dienstleistungen aus. In einer angenehmen und dennoch motivierenden Atmosphäre verwirklichen unsere Kunden ihre Ziele und Träume."
Mit dieser Mission wird die Kundengruppe bedient und direkt angesprochen. Alle Zielgruppen werden mit dieser Mission direkt angesprochen und das Unternehmen nutzt viele Schlagwörter, die beim Kunden zu einer direkten Identifikation führen können.

Grundwerte sind andauernde und vor allem leitende Orientierungsstützen, die das Werteverständnis eines Unternehmens darstellen (Müller-Stevens, 2011. S.233).
Die Grundwerte entstehen aus der oben genannten Vision. Ein Leistungsversprechen, sowie die Expansion in die gesamte Bundesrepublik lassen sich mit folgenden Grundwerten umsetzen und realisieren:

- Höchste Bereitschaft der Dienstleistung
- Respekt vor allen Personengruppen
- Ehrlichkeit, Kompetenz und Qualität unserer Produkte
- Innovationskraft – ständig auf der Suche nach Herausforderungen und Zielen

2.2 Strategische Zielplanung

Folgende Tabelle zeigt vier Unternehmensziele auf. Diese Unternehmensziele wurden aus der Vision, Mission und den Grundwerten abgeleitet.

Tabelle 2: Darstellung der Ziele (eigen Darstellung)

Ziel	Umsetzung
1. Expansion des Unternehmens: Bis 2025 werden in 8 deutschen Großstädten (> 550.000 Einwohner) weitere Premium-Fitnessstudios eröffnet.	In der Vision wird angedeutet, dass es über die Grenzen Rostocks hinaus weitere Standorte geben soll. Um eine feste Marke in Deutschland zu werden, werden zunächst die Großstädte beachtet
2. Steigerung der Kundenzufriedenheit: Auf der Basis einer regelmäßigen Evaluierung der Kundenzufriedenheit wird diese jedes Jahr um mindestens 3% gesteigert. Bis 2025 solle eine Kundenzufriedenheit von mindestens 87,5% bestehen.	In der Mission und den Grundsätzen kommt hervor, dass die Dienstleistung und somit der Kunde das Wichtigste für das Unternehemen darstellt. Somit entsteht ein Controlling-Instrument mit Kennzahlen um die Zufriedenheit und somit auch die Dienstleistung messen zu können. Außerdem können dadurch Kritiken und Wünsche betrachtet werden um sich weiterzuentwickeln.
3. Weiter- und Fortbildung der Führungskräfte und Angestellten: Erstellen eines umfangreichen Schulungsplanes, sodass jeder Angestellte jedes Jahr mindestens 3 Fortbildungen absolviert. Bis 2023 werden somit von jedem Angestellten 9 Fort- und Weiterbildungen absolviert.	Die Innovation spielt in der heutigen Gesellschaft eine sehr wichtige Rolle. Immer schneller, höher, weiter und neuer soll es gehen. Um diesem Trend zu folgen und Teil der Bewegung zu sein, ist es wichtig das eigene Personal darauf einzustellen und fortzubilden. Nur so können nachhaltig neue Kunden gewonnen werden und aus Neukunden Stammkunden gemacht werden.
4. Generierung und Erweiterung eines Stammkunden-Stammes mit einem Mitgliederzuwachs von mindestens 600 Mitgliedern pro Jahr. Bis 2025 soll die Zahl der Stammkunden bei mindestens 5.000 liegen.	Um er erste Ansprechpartner (Vision) zu sein und um die Ziele und Träume der Kunden (Mission) zu erfüllen, braucht es ein stark ausgeprägtes Miteinander zwischen Unternehmen und Kunden. Die direkte Orientierung den Kunden etwas Besonderes zu bieten, sind wichtige Bausteine im Unternehmen.

2.3 Branchenvergleich

Folgende Tabelle vergleicht zwei Unternehmen im überregionalen Markt. Anschließend werden Übereinstimmungen und Unterschiede dargestellt.

Tabelle 3: Branchenvergleich des Premium Fitnessstudios (eigene Darstellung)

Fitness First Germany GmbH	Unternehmen	Pfitzenmeier Unternehmensgruppe
überregional	Einordnung Standort	überregional
Wir möchten unseren Mitgliedern in Deutschland dazu motivieren, ihre Fitness zu steigern, ihre Gesundheit zu verbessern und sich rundum wohl zu fühlen – und das ganz unabhängig von Alter, Figur oder Trainingsstand.	Vision	Angebote für sport- und gesundheitsorientiere Menschen mit einer Vielzahl innovativer, individueller Angebote und einem ganzheitlichen Konzept für Körper, Geist und Seele
Erreichen der Ziele eines jeden einzelnen Mitglieds	Mission	Wir setzen alles daran, dass Sie sich bei uns rundum wohlfühlen – mit Körper, Geist und Seele
- Nachhaltig die Lebensqualität verbessern - Modernes Arbeitsumfeld - Kollegialiät, Fortbildungen und attraktive Benefits - Pause für Körper, Geist und Seele ermöglichen - zahlreiche Kooperationsprogarmme	Grundwerte	- Ermöglichen, den Alltag hinter sich zu lassen - Ausgewogene Balance finden - Mehr Lebensqualität erreichen

Beide Premiumanbieter haben sich als Kernziel gesetzt, beste Trainingskonzepte und optimale Dienstleistungen für Ihre Kunden anzubieten, sodass diese ihre Lebensqualität steigern können. Auch das geplante Unternehmen in Rostock zeigt hier Parallelen. An erster Stelle stehen Körper, Geist und Seele. Also die Gesundheit und die Orientierung danach werden in den jeweiligen Visionen kommuniziert. Alle drei Unternehmen wollen Kunden für Fitness und vor allem Gesundheit begeistern. Da es um die Dienstleistungsbranche geht, setzen die drei Unternehmen einen hohen Wert auf Mitarbeiterbindung und erkennen, dass die Mitarbeiter das Kapital der Unternehmen sind. Die drei Missionen sind Zukunftsversprechen für die Kunden, auch hier sind Parallelen zu erkennen. Somit lassen sich die Visionen und Missionen sehr positiv bewerten, da es immer um einen gewissen Grad an Utopie geht. Gerade in der Branche ist es wichtig, sich von der Konkurrenz abzuheben. Dieses schafft weder die Fitness First GmbH Deutschland noch die Pfitzenmeier Unternehmensgruppe. Insgesamt sind die Unternehmen in ihrer Grundstruktur bezüglich der Vision, Mission und den Grundwerten ähnlich, was in diesem Fall positiv einzuord-

nen ist, da es sich um drei Unternehmen der gleichen Branche und des gleichen Preisseg-
ments handelt. Zudem sind die beiden Unternehmen, welche für den Vergleich berück-
sichtigt wurden, zwei sehr bekannte und erfolgreiche Unternehmen in Deutschland.
Die Empfehlung ist ganz klar, bereits bei der strategischen Planung Alleinstellungsmerkmale zu finden und zu definieren um diese nach außen zu kommunizieren und sich
dadurch von der Konkurrenz abzuheben.

3 Phase der strategischen Analyse und Prognose

3.1 Branchenstrukturanalyse

Geht es um Wettbewerb, so ist es sinnvoll sich bei der Analyse auf Faktoren zu konzen-
trieren, die für alle in der Branche aktiven Wettbewerber von Bedeutung sind. (Hirzel,
2016, S.78). Der „Five Forces" Ansatz aus dem Jahr 1979 von Michael E. Porter zeigt
eine Möglichkeit auf, Branchen strukturiert zu analysieren. In der folgenden Tabelle wird
ein angepasstes Five-Forces-Modell nach Porter aufgezeigt.

Tabelle 4: Five-Forces-Modell nach Porter (eigene Darstellung)

Verhandlungsmacht der Liefe-ranten	Lieferanten haben dank der großen Menge an Geräten und einmali-gen Anschaffungen wenig Verhandlungsstärke. Für Alltagsgegen-stände und Lebensmittel gibt es unzählige Anbieter im Markt.
Verhandlungsmacht der Kunden	Fitnessstudios ohne Alleinstellungsmerkmal ist der Preis die ent-scheidende Variable. Der Markt bietet viele Alternativen an, es herrscht eine polypolitische Marktform, somit hat der Kunde eine große Verhandlungsmacht.
Bedrohung durch neue Wettbe-werber	Wettbewerber können aufgrund niedrigen Markteintrittsbarrieren schnell eine Bedrohung darstellen und somit die Preispolitik beein-flussen. Die Fitnessbranche erlebt nach wie vor ein starkes Wachs-tum (DSSV, 2016).
Bedrohung durch Ersatzpro-dukte	Die Bedrohung durch Ersatzprodukte scheint im Zeitalter der Digita-lisierung und des technischen Fortschritts sehr hoch. Fitness-Apps und Fitnesswearables werden zunehmend attraktiv und von der Ge-sellschaft angenommen.
Wettbewerbsintensität in der Branche	Durch das stetige Wachstum der Branche und die steigende Zahl an bestehenden Unternehmen ist eine permanente Rivalität gewährleis-tet. Hier gilt es sich von der Konkurrenz abzusetzen um Nischen an-zusprechen oder für besonders gute Qualität zu stehen.

Nach Gronau et al. (2010, S. 6) haben sich die Fitnesstudios mit beachtlichen Schritten weiterentwickelt. Somit besteht bei vier der fünf augeführten „Forces" ein hohes Potential einer Bedrohung. Lediglich die Verhandlungsmacht der Lieferanten ist als gering einzuordnen. Hinzu kommt, dass die Bedrohung durch Ersatzprodukte auf den ersten Blick als hoch erscheint. Allerdings ist in der Gesellschaft ein Trend zum „Besonderen" und Individuellen" erkennbar, sodass sich langfristig Ersatzprodukte nicht gegen ein Fitnesstudio durchsetzen werden.

3.2 SWOT-Analyse

Um eine Strategie zu entwickeln ist die Vorausstzung ein fundierter Überblick über die derzeitige Situation eines Unternehmens (Simon & von der Gathen, 2010, S.230). Den Ausgangspunkt der Planung stellt somit eine Situationsanalyse dar. Bei dieer Analyse bedarf es sowohl unternehmensinterne Gegebenheiten als auch unternehmensexterne Umweltbedingungen. Die SWOT-Analyse integriert beide Sichtweisen und bildet einen wichtigen Bestandteil der Situationsanylse. Folgende Tabelle zeigt die SWOT-Matrix

Tabelle 5: SWOT-Matrix (eigene Darstellung)

	Interne Unternehmensanalyse	
	Stärken:	Schwächen
	- Nachhaltiges Konzept	- Bekanntheitsgrad gering (regional)
	- breites Angebot	- Hohe Kosten durch Standort und Ausstattung
	- sehr gut ausgebildetes Personal	- Hohe Preise für Kunden
	- Ansprache an viele Zielgruppen	- Hohe Personalkosten
	- Alleinstellungsmerkmale	
	- Attraktiver Standort	
Externe Unternehmensanalyse	Chancen	Risiken:
	- Bewusstsein auf Gesundheit steigt	- Unsichere Zukunft für Gruppensport duch die Coronapandemie
	- Weiter wachsende Branche	- Kaufkraft in Deutschland sinkt und hohe Preise können nicht gezahlt werden
	- Kooperationen mit Ärzten, Krankenhäusern, großen Firmen (Firmenfitness)	- Wachstum von Ersatzprodukten (digital für zuhause)
		- Weitere angeordnete Schließzeiten und nichterfüllen von finanziellen Forderungen

In folgender Tabelle werden die Strategien (Stärken-Chancen, Stärken-Risiken, Schwächen-Chancen und Schwächen-Risiken)

Tabelle 6: SWOT-Strategien (eigene Darstellung)

Stärken-Chancen Strategie	1. Das Fitnesstudio hat ein sehr breit gefächertes Angebot und spricht somit viele Zielgruppen an. Der wachsende Fitnessmarkt wird somit optimal bedient und der Bekanntheitsgrad steigert sich automatisch. 2. Die Gesellschaft legt mehr Schwerpunkte auf Gesundheit und Wohlbefinden. Durch einen hohen Qualitätsanspruch an die Mitarbeitenden werden die Kunden perfekt betreut und können somit ihre Ziele erreichen.
Stärken-Risiken Strategie	1. Durch nachhaltige Konzepte und sehr gutes Fachpersonal wächst das Vertrauen der Mitglieder und bleibt bestehen. Angeordnete Schließungen führen durch das große Vertrauen nicht zu Abmeldungen, sondern weitere Unterstützung. 2. Das breite Angebot, verbunden mit dem attraktiven Standort setzt sich in Rostock von der Masse ab. Durch den hohen Serviceanspruch und die einmalige Dienstleistung kommen Ersatzprodukte für die Kunden nicht in Frage.
Schwächen-Chancen Strategie	1. Der hohe Preis lässt sich mit dem wachsenden Gesundheitsbewusstsein vereinbaren. Die Gesellschaft wird somit bereit sein, einen hohen Preis zu zahlen und dafür gesünder und fitter zu leben. 2. Die hohen Kosten können mit Kooperationen mit großen Firmen gegenfinanziert werden. Langfristige Verträge können abgeschlossen werden um Liquidität zu gewährleisten.
Schwächen-Risiken Strategie	1. Durch einen attraktiven Internetauftritt und das Pflegen der sozialen Medien können auch in Schließzeiten weitere Kunden begeistert werden. Ein professioneller Auftritt im Internet lockt potentielle Neukunden und bestehende Kunden werden weiter betreut. 2. Staatliche Hilfen können beantragt werden um die hohen Kosten abzudecken. In den Überbrückungshilfen können Fixkosten geltend gemacht werden, somit können weiter Löhne und Verbindlichkeiten gezahlt werden.

3.3 Zielplanung

Nach der strategischen Analyse zeigt sich ganz klar, dass die aktuelle Situaton um die Coronapandemie einen Einfluss auf die Zielsetzung hat. Allerdings steht das Unternehmen noch am Anfang und die Ziele sind mittel- bis langfristig angesetzt (bis 2025). Der Markt der Fitnessbranche wird sich in den kommenden Jahren erholen und somit können Schwächen in Stärken und Chancen umgewandelt werden. Zusätzlich können Risiken früh erkannt und somit gegengesteuert werden. Das Unternehmen kann wachsen und die Expansion ist trotz Corona realistisch einzuordnen. Die Branchenstrukturanalyse zeigt, dass es wichtig ist in die eigenen Angestellten zu investieren um dem Kunden eine perfekte und authentische Dienstleistung anzubieten. Ebenso müssen nachhaltige Konzepte weiterentwickelt und ausgebaut werden um sich von der Konkurrenz abheben zu können. In der Fitnessbranche sind Alleinstellungsmerkmale schwer zu definieren, wenn es um das eigentliche Sportangebot geht, daher müssen die Rahmenbedingungen auf höchstem Niveau sein. Kundengewinnung und zufriedene Kunden bilden somit die Ziele 2 – 4 (vgl. Kapitel 2.) ab und diese sind trotz den aufgezeigten Risiken und Schwächen realistisch einzuschätzen. Wie beschrieben, ist es nicht absehbar, wie lange die Coronapandemie die Branche noch lahm legen wird, daher müssen die Zielhorizonte eventuell angepasst werden. Zusätzlich kann das Unternehmen in der aktuellen Situation sich mit umfangreiche Alternativangeboten (Digitale Kurse, Ernährungsworkshops, Entspannungsangebote, etc.) von der Konkurrenz abheben und den Kunden somit bereits eine hohe und qualitativ hochwertige Dienstleistung und Servicebereitschaft anbieten.

4   Phase der Strategieformulierung

4.1 Strategieformulierung

Das Unternehmen plant, als Strategieformulierung auf Unternehmensebene, am Markt eine Wachstumsstrategie. Durch die Neugründung, welche zum Beispiel als Ziel hat bis 2025 mindestens 5.000 Mitglieder zu gewinnen. Nach Ansoff (Vier-Felder-Matrix) werden Produkt-Markt-Strategien bestimmt.

Da es bereits bestehende Fitnessstudios gibt, wird von einer Marktdurchdringung gesprochen. Allerdings werden neue Produkte und auch neue Konzepte für eine bereits bestehende Zielgruppe angesprochen, somit handelt es sich um die Strategie der Produktentwicklung.

Auf dem Bereich der Geschäftsebene wird die Differenzierungsstrategie angestrebt. Durch den Standort, die sehr hohe Fachkompetenz und das sehr breite Angebot wird die Grundlage für eine Differenzierung gegenüber Konkurrenz und Mitbewerbern geschaffen.

4.2 Blue Ocean-Strategie

Die Blue Ocean-Strategie ist als strategischer Ansatz dort angesiedelt, wo nachhaltiges Wachstum mit klassichen strategischen Initiativen kaum zu erreichen sind um neue Perspektiven zu eröffnen (Causevic, 2019, S.133).

In Rostock gibt es sehr viele Fitnessstudios und somit befindet sich das Unternehmen in einem roten Ozean. In jedem Fitnesstudio ist man einen Vertrag gebunden (in der Regel 12 oder 24 Monate). Um in einen blauen Ozean zu gelangen muss ein neues System etabliert werden. Der Kunde zahlt neben einer sehr geringen monatlichen Grundgebühr (10,00 Euro) nur soviel, wie es ihm tatsächlich wert ist (pro Besuch). Die monatliche Gebühr fällt jedoch auch nur an, wenn in dem Monat mindestens ein Besuch stattgefunden hat. Somit ist der Kunde nicht an einen Vertrag gebunden. Das Bezahlsystem funktioniert per App (Paypal oder Lastschrift). Über diese App wird der gesamte Aufenthalt gesteuert. Hier gilt es natürlich jeden Besuch besonders zu gestalten, sodass der Kunde beim Verlassen des Studios so zufrieden ist und entsprechend einen höheren Betrag zahlt, als wenn er unzufrieden wäre. Auch ein buchen von „Abos" ist denkbar, wie man es aus dem Alltag gut kennt (Fernsehanbieter oder Gemüsekisten). In der Gastronomie gibt es solche Konzepte bereits und diese funktionieren sehr gut. Das System wäre in Rostock vollkommen neu und das Unternehmen schafft einen blauen Ozean. Dieses System wird sich schnell rumsprechen und der Bekanntheitsgrad wird enorm wachsen. Selbstverständlich muss überprüft werden, ob das Fitnessstudio mit diesem System wirtschaftlich geführt werden kann. Allerdings ist in der Gesellschaft der Trend erkennbar, das „Besondere" zu schätzen und sich leisten zu wollen. Auch um in der Gesellschaft Ansehen zu erreichen und sich von dem Durchschnittsbürger abheben zu können.

5 Personalmanagement

5.1 Führungsverhalten

Das Unternehmen muss innovativ und wettbewerbsfähig werden. Somit ist der visionäre Führungsstil in dem oben genannten Unternehmen der richtige Ansatz. Überzeugungskraft und Empathie sind beim „Leader" wichtige Eigenschaften. Zusätzlich sind Komplexität, Beschleunigung und Wirkungssicherheit weitere Faktoren, welche die Führungskraft umsetzen muss. Vision, oder auch Intuition sind erforderlich um eine zukunftsorientierte Unternehmensführung zur Existenztsicherung zu gewährleisten. Führung ist stets gesellschaftlich bestimmt und damit unbeständig (Neuberger, 2002, S.142)

Der Führungsstil hat hohe Ansprüche an das Führungshandeln. Er ist geprägt von einem optimistischen Menschenbild und einer werteorientierten Grundhaltung, die auch das Verhalten sowie den Kommunikationsstil der Führungskraft prägen. Der genannte Stil stellt zunächst Anforderungen an die Führungskraft selbst. Es sollte regelmäßig das eigene Handeln hinterfragt werden. Werden alle Potenziale ausgeschöpft, werden Dinge gesehen, die man angehen sollte. Werden Handlungsprioritäten erkannt und konsequent gehandelt. Ein „Leader" sollte weitgehend darauf verzichten, das Verhalten der Angestellten durch Anweisungen zu beeinflussen oder ausschließlich Zielvereinbarungen zu führen. Visionäre Führungskräfte betonen die Notwendigkeit einer klaren Strukturierung der Arbeit (Neubauer & Rosemann, 2006, S.35). Es sollte somit viel mehr darauf abzielen, die Einstellung und das Bewusstsein der Angestellten zu beeinflussen. Die Angestellten sollten also vom „Leader" den möglichst größten Handlungs- und Entscheidungsfreiraum erhalten.

Zusätzlich sollte der „Leader" das Vertrauen und die Anerkennung der Angestellten gewinnen. Die Basis dafür ist eine authentische Kommunikation. Der „Leader" sollte jederzeit bildhafte Vergleiche und Symbole verwenden, um die Zielvorstellungen an seine Angestellten zu erläutern. Kreativität und Innovation sollten Grundsätze sein, welche der „Leader" an seine Angestellten stets vermittelt. Dadurch werden vom „Leader" Gestaltungsräume geschaffen, die die Angestellten zum Mitdenken und eigeninitiative Handeln ermutigt. Die Angestellten sollen das Gefühl vermittelt bekommen, dass das Unternehmen sie braucht und somit der Erfolg des Unternehmens unter anderem von ihrer Leistung abhängt. Somit spüren die Mitarbeiter, dass der „Leader" sie als Individuum wahrnimmt und wertschätzt. Dadurch bauen die Mitarbeiter auf ihre eigenen Potenziale und trauen sich Spitzen-Leistungen zu. Das basiert wiederum darauf, dass sich visionäre Führungskräfte oft als selbstbewusster und risikofreudiger einschätzen und de Wichtigkeit eines vernetzten Denkens betonen (Neubauer & Rosemann, 2006, S.35).

Werden alle genannten Schritte umgesetzt, gelebt und verwirklicht, sucht das ganze Team den Erfolg. Es entwickelt sich ein sportlicher Ehrgeiz, alle bevorstehenden Herausforderungen zu meistern. Das Team überprüft somit eigenständig die Effektivität im Vorgehen und die Effizienz in der Umsetzung. Misserfolge werden demnach ohne Schuldzuweisungen diskutiert und führen zu einem nachhaltigen Gegensteuern. Erfolge werden gefeiert, ohne der Illusion zu erliegen, dass sich diese zukünftig von alleine ergeben. Das

Wichtigste ist, dass aus (Miss-)Erfolgen die notwendigen Lehren gezogen werden, sodass die Leistung des Teams, mit einem „Leader" wie oben beschrieben, kontinuierlich steigt.

5.2 Recruiting

Die Personalbeschaffung umfasst alle Maßnahmen, mit denen die für das Unternehmen erforderlichen Arbeitskräfte in qualitativer, quantitativer und zeitlicher Hinsicht bereitgestellt werden (Dieckschulte, 2021, S.11). Eine Stellenbesetzung beginnt immer mit der Ausschreibung und Veröffentlichung des Stellenangebots. Der Ausschreibung ist ein Anforderungsprofil beigelegt, sodass hier direkte Erwartungen aufgeführt werden können. Neben beruflichen Qualifikationen spielen auch persönliche Eigenschaften und Charaktereigenschaften eine große Rolle. Je höher die Position zu besetzen ist und je mehr Verantwortung die zu besetzende Stelle im Unternehmen trägt, desto wichtiger ist ein umfangreicher Auswahlprozess. Nach der Auswahl der potentiellen Kandidaten, gibt es unterschiedliche Methoden. Ein einfaches Interview ist für die Besetzung einer Führungsposition nicht ausreichend. Die Kandidaten sollen über einen länger andauernden Zeitraum beobachtet und beurteilt werden können. Ein Instrument ist das Assesmentcenter. Dadurch kann das Mehraugenprinzip in Kombination von mehreren Beurteilungsmethoden angewendet werden. Im Assesment Center werden vier Verfahrenskategorien kombiniert: Beobachtungen on-the-job, Verhaltenssimulationen, psychologische Tests sowie Interviews (Obermann, 2018, S.2). Im Mittelpunkt dieses Verfahrens stehen Kompetenzen wie Durchsetzungsvermögen, Teamfähigkeit, Kreativität, Belastbarkeit, Kommunikationsfähigkeit und analytisches Denken (Püttjer, 2016, S.16). Die Beobachter, welche später in der Führungsebene tätig sind, können anhand den dargestellten Methoden entscheiden, welcher Kandidat mit den geforderten Situationen am besten umgehen kann und somit eine Führungsposition im Unternehmen besetzen kann.

Eine Alternative ist, die Personalbeschaffung einer Führungskraft outzusourcen. Es gibt Firmen, die sich auf die Personalbeschaffung von Führungskräften spezialisiert hat. Personalbeschaffung kostet im eigenen Unternehmen viel Zeit und vor allem Geld. Firmen oder Headhunter beschäftigen sich ausschließlich mit der Beschaffung von Führungskräften und haben entsprechend viel Erfahrung. Flexibilität, Fokussierung auf Kernkompetenzen, Steigerung der Effizienz, Risikoverlagerung, Steigerung des Know-hows, Standardisierung und Schnelligkeit sind weiter Vorteile des Outsourcing und somit die ganz klare Empfehlung für das oben genannte Unternehmen in der Beschaffung einer Führungskraft.

6 Literaturverzeichnis

Causevic, A., Heupel, T. (2019). *Erfolgreiche Anwendung der Blue Ocean Strategy im Mittelstand*. In: Barsch T., Heupel T., Trautmann, H. Die Blue-Ocean-Strategie in The orie und Praxis. Wiesbaden: Springer Gabler

Dieckschulte, A. (2012). *Personalbeschaffung*. In: Personalmanagement und –marketing, vol. 88. Herbolzheim: Centaurus.

Drucker, P. (2011). *Managing fort he future*. Abingdon, Oxon: Routledge.

Helm, R. & Meiler, R. (2003). *Unternehmensvision, Interne Kommunikation und Effizienz des Wissenmanagements*. In Controlling Heft 3 (4.) München: Vahlen.

Hirzel, M., Zub, M., Dimler, N. (2016). *Strategisches Positionierung. Geschäfts- und Servicebereiche auf Kundenbedarf fokussieren*. Wiesbaden: Springer.

Müller-Stevens, G. & Lechner, C. (2011). *Strategisches Management. Wie strategische Initiativen zum Wandel führen: der St. Galler Genereal Management Navigator* (4. Aufl.) Stuttgart: Schäffer-Poeschel.

Neubauer, W., Rosemann, B. (2006). *Führung, Macht und Vertrauen in Organisationen.* Stuttgart: W. Kohlhammer

Neuberger, O. (2002). *Führen und führen lassen*. Stuttgart: UTB.

Obermann, C. (2018). *Einführung*. In: Assesment Center: Wiesbaden: Springer Gabler

Püttjer, C., Schnierda, U. (2016). *Assessment-Center-Training für Führungskräfte. Die Wichtigsten Übrungen – die besten Lösungen*. Campus Verlag.

Simon, H., Von der Gathen, A. (2010). *Das große Handbuch der Strategieinstrumente*. Frankfurt/New York: Campus

7 Abbildungs- und Tabellenverzeichnis

7.1 Abbildungsverzeichnis

7.2 Tabellenverzeichnis